Educação Física
Educação de jovens e adultos (EJA)

COLEÇÃO EJA: CIDADANIA COMPETENTE

DIALÓGICA

O selo DIALÓGICA da Editora InterSaberes faz referência às publicações que privilegiam uma linguagem na qual o autor dialoga com o leitor por meio de recursos textuais e visuais, o que torna o conteúdo muito mais dinâmico. São livros que criam um ambiente de interação com o leitor – seu universo cultural, social e de elaboração de conhecimentos –, possibilitando um real processo de interlocução para que a comunicação se efetive.

Marcos Ruiz da Silva

Educação Física
Educação de jovens e adultos (EJA)

EDITORA intersaberes

Av. Vicente Machado, 317 . 14º andar . Centro . CEP 80420-010 . Curitiba . PR . Brasil
Fone: (41) 2106-4170 . www.intersaberes.com . editora@editoraintersaberes.com.br

Conselho editorial Dr. Ivo José Both (presidente)
Drª Elena Godoy
Dr. Nelson Luís Dias
Dr. Neri dos Santos
Dr. Ulf Gregor Baranow

Editor-chefe Lindsay Azambuja

Editor-assistente Ariadne Nunes Wenger

Preparação de originais Entrelinhas Editorial

Capa Mayra Yoshizawa

Projeto gráfico *Design* Mayra Yoshizawa
Imagem AKSANA SHUM/Shutterstock

Diagramação Estúdio Nótua

Iconografia Palavra Arteira

1ª edição, 2016.

Foi feito o depósito legal.

Informamos que é de inteira responsabilidade do autor a emissão de conceitos.

Nenhuma parte desta publicação poderá ser reproduzida por qualquer meio ou forma sem a prévia autorização da Editora InterSaberes.

A violação dos direitos autorais é crime estabelecido na Lei n. 9.610/1998 e punido pelo art. 184 do Código Penal.

Dados Internacionais de Catalogação na Publicação (CIP)
(Câmara Brasileira do Livro, SP, Brasil)

Silva, Marcos Ruiz da
　　Educação Física/Marcos Ruiz da Silva. Curitiba: InterSaberes, 2016. (Coleção EJA: Cidadania Competente, v. 5)

　　Bibliografia.
　　ISBN 978-85-5972-140-9

　　1. Educação de adultos 2. Educação de jovens 3. Educação física 4. Educação física – Estudo e ensino I. Título. II. Série.

16-07412　　　　　　　　　　　　　　　　　　　CDD-613.7

Índices para catálogo sistemático:
1. Educação física: Estudo e ensino 613.7

Sumário

Dedicatória 7
Agradecimentos 9
Apresentação 11

1. O estudo da atividade física 13
   1.1 Fundamentos da Educação Física 14
   1.2 Educação Física e saúde 16

2. Lazer 29

3. Educação Física escolar 41
   3.1 Esportes 43
   3.2 Lutas 47
   3.3 Jogos 51
   3.4 Ginástica 53
   3.5 Dança 55

Referências 63
Respostas 65
Sobre o autor 67

Dedicatória

Gostaria de dedicar este livro aos meus filhos, Otávio e Rafael, e aos meus pais, Otávio e Clothilde.

Agradecimentos

Gostaria de agradecer àqueles que confiaram em meu trabalho e me convidaram para escrever este livro, bem como aos profissionais que se dedicaram à sua construção.

Agradeço também à minha esposa, Laura Rinaldi, que sempre acreditou em meu trabalho e constantemente me incentiva a enfrentar novos desafios.

Apresentação

Ainda me lembro de algumas frases que ouvia em minha época de faculdade: "O pessoal da Educação Física tem músculo no cérebro"; "Vocês também estudam ou só ficam jogando bola?"; "Não gostam de estudar e vão fazer Educação Física"; entre outras. Sentenças como essas refletem um pouco do desconhecimento sobre a formação de um profissional dessa área.

Impressões equivocadas sobre a Educação Física são comuns até mesmo no ambiente escolar. Professores de outras áreas costumam fazer comentários como: "As crianças não veem a hora da aula de Educação Física para se divertirem"; "É bom que as crianças vão para a aula de Educação Física para relaxarem um pouco"; "Para que caderno na Educação Física?"; "As aulas de Educação Física são uma bagunça" e "Não dê atividades muito agitadas para que os alunos não voltem muito alvoroçados para a minha aula".

Outro exemplo da falta de compreensão sobre esse campo de atuação refere-se aos argumentos sobre a necessidade das aulas de Educação Física na escola. Geralmente, a justificativa é de que as crianças precisam das aulas para se exercitarem, em razão do aumento do sedentarismo e da obesidade infantil.

Essa forma de interpretar e atribuir juízo de valor à Educação Física está relacionada ao sentido utilitarista que a sociedade dá para o ensino, vinculado, de maneira muito forte, à preparação para o mercado de trabalho. Assim, disciplinas como Matemática e Língua Portuguesa ganham destaque na atenção de pais, alunos e das políticas públicas.

Atualmente, a Educação Física tem ganhado espaço nos meios de comunicação, uma vez que diversos estudos apresentam os benefícios da atividade física para as pessoas. Não raro vemos matérias jornalísticas sobre qualidade de vida, sedentarismo, obesidade, entre outros temas associados ao bem-estar e à saúde da população.

Contudo, ainda existe uma visão restrita sobre a área, principalmente, como afirmamos anteriormente, quando pensamos a Educação Física no ambiente escolar. A associação da atividade física com benefícios biológicos representa somente uma das abrangências desse campo de atuação.

Com isso, procuramos apresentar neste livro alguns subsídios que lhe permitam ampliar o olhar sobre a Educação Física como área do conhecimento e também como um conteúdo curricular essencial na formação do cidadão e de toda uma sociedade.

Jogos, dança, esporte, lutas e ginástica ganham nesta obra relevância biológica e histórico-social. Com base na contextualização desses temas, pressupomos que as pessoas podem compreender a relação que determinadas sociedades estabeleceram com essas práticas, como elas influenciaram modos de vida, a economia, a cultura e outras esferas da vida de homens e mulheres.

Nossa intenção, neste primeiro capítulo, é tecer algumas considerações sobre o universo da Educação Física como área de conhecimento. Essa discussão permitirá distinguir as práticas corporais – sob a responsabilidade do profissional de Educação Física (fora do ambiente escolar – em academias, clubes, consultorias esportivas, clínicas médicas e de reabilitação, centros de treinamentos etc.) – da Educação Física escolar.

Apesar de o objeto da Educação Física ser o mesmo, seja como conteúdo curricular, seja como práticas corporais fora da escola, para cada cenário encontramos objetivos, abordagens e propostas filosóficas distintas.

Apresentamos também neste capítulo algumas informações sobre a atividade física em si e discorremos a respeito de algumas ideias do senso comum, como a diferença entre atividade física e exercício.

1.1 Fundamentos da Educação Física

O conteúdo abordado neste capítulo refere-se ao desenvolvimento de algumas ideias sobre a Educação Física como área de conhecimento e, consequentemente, como campo de atuação profissional. Nosso objetivo é ampliar a compreensão dos aspectos teóricos sobre o assunto e fazer algumas delimitações da abrangência dessa área.

1.1.1 Educação Física: objeto de estudo

Considerando que o exercício físico, os esportes, as atividades ginásticas, os alongamentos e outras ações fazem parte do cotidiano das pessoas, assuntos relacionados a essas práticas tornam-se habituais nas conversas entre amigos e familiares nos mais diversos ambientes. Nesse bate-papo informal, há inúmeras distorções sobre temáticas que vêm a ser do domínio da Educação Física.

Um problema relativo aos comentários informais, sem embasamento teórico ou o devido reconhecimento de sua procedência, é que eles, muitas vezes, são dados como verdadeiros. Assim, muitos mitos são construídos, com base nos quais as pessoas acabam por colocar a própria integridade (física, emocional, social) em risco.

É comum as pessoas receberem recomendações e orientações de atividades ou exercícios físicos em uma conversa na padaria, no salão de beleza, na pescaria ou em outros momentos e lugares de convívio social. Assim, são partilhadas informações que, em geral, não têm rigor científico; além disso, não há como saber se o receptor da mensagem a está recebendo de forma correta.

Entre essas mensagens, podem ser citadas as seguintes: "Ah! Eu tenho um amigo que precisava emagrecer e começou a fazer caminhadas vestido com um saco de plástico preto. A cada caminhada, ele perdia 2 quilos"; "Um amigo me disse que o melhor horário para fazer atividade física é bem cedinho e em jejum"; "Não precisa fazer alongamento, isso é frescura"; "Por que comprar tênis especial para caminhada? Só serve para fazer a gente gastar dinheiro"; e outros tantos argumentos que circulam no senso comum.

> Estes são alguns dos inúmeros comentários que ouvimos cotidianamente. E você, o que já ouviu com relação à atividade física?

Um primeiro esclarecimento necessário refere-se à forma como a Educação Física, na qualidade de área de conhecimento, atua com base em suas práticas corporais (esporte, exercícios físicos, dança, lutas, ginástica e outras) e como isso está intimamente ligado à forma de viver de cada grupo social.

Nesse sentido, podemos afirmar que a importância da Educação Física na vida das pessoas está ligada a questões sociais, emocionais, físicas, religiosas, entre outras. Contudo, há uma dificuldade de os indivíduos fazerem essas associações. Esse problema tem a ver com alguns aspectos histórico-sociais do desenvolvimento dessa área em nosso país.

Muito vinculada com aspectos higienistas, desde sua origem no Brasil, a Educação Física tem relação com as ciências biológicas; assim, o discurso de saúde sobre a perspectiva do bem-estar físico do indivíduo sempre esteve associado com a área. É possível identificar um dos reflexos desse discurso nas justificativas para a concepção das aulas de Educação Física na escola centradas na redução da obesidade infantil, na diminuição do sedentarismo ou na prevenção contra doenças.

Fora do ambiente escolar, não é muito diferente. Apesar de haver um apelo significativo às questões estéticas do corpo nas academias, nos centros esportivos, esse discurso está também muito ligado à melhoria da condição física e, consequentemente, da saúde.

A despeito de a Educação Física oferecer uma série de oportunidades para uma melhor condição da saúde biológica dos indivíduos, precisamos enxergá-la para além do aspecto físico, transcendendo para os aspectos sociais e emocionais. Não estamos falando da ideia de "corpo são em mente sã", porque queremos nos afastar de uma visão dicotomizada para nos aproximarmos do ser humano que pensa, que sente e que age de forma sinérgica.

A vida de homens, mulheres, idosos e crianças e suas respectivas relações com as práticas corporais, sejam elas disfarçadas, sejam justificadas pelo discurso da manutenção da saúde física, envolvem fatores complexos. Há uma trama complexa de variáveis que ajudam a construir a interpretação e o sentido atribuído, os quais, por sua vez, contribuem para atrair ou afastar os indivíduos da prática da atividade física.

Há pessoas que buscam a atividade física para criar ou ampliar sua rede de relacionamentos, para aliviar o estresse do dia a dia, para melhorar sua autoestima ou para conhecer pessoas com quem possam estabelecer negócios no ambiente corporativo. Há ainda aqueles que têm interesse em participar de competições para colocar à prova seus limites físicos e emocionais. Outros são levados pela sedução das campanhas publicitárias ou pelo apelo da atividade da moda. Alguns querem cultivar valores como persistência e capacidade de liderança. Em suma, cada um atribui sentido às práticas corporais de acordo com os valores sociais em que estão inseridos.

Independentemente dos objetivos ou motivações, acreditamos que a intervenção de um profissional de Educação Física, seja no ambiente escolar, com as aulas de Educação Física, seja em outros cenários, como as academias e os clubes, precisa ser considerada para além do caráter físico.

Dessa forma, para compreender as práticas corporais (esportes, ginásticas etc.), é necessário considerar que estão em constante diálogo com as variáveis física, psicológica e social. Além disso, devemos levar em conta que essas atividades sofrem influência de diferentes dimensões sociais, como a econômica, a social e a política.

É importante destacarmos que a distribuição do conteúdo desenvolvido neste livro, precisa ser analisada sempre com base na inter-relação entre todos os elementos que influenciam nessa relação com a Educação Física e, consequentemente, com seu objeto de estudo.

1.2 Educação Física e saúde

Agora, iremos destacar questões relacionadas ao aspecto biológico do corpo, sua relação com a atividade física e alguns indicativos de fatores associados à saúde física do indivíduo. Assim, veremos detalhes de seu funcionamento durante as atividades físicas e também elencaremos fatores profiláticos da atividade física para o bem-estar das pessoas.

Você já se perguntou por que a atividade física tem ganhado tanta relevância na vida das pessoas em nossa sociedade? Para respondermos a essa questão, vamos fazer uma breve contextualização.

Você já procurou dar atenção às atividades diárias que lhe exigem algum esforço físico contínuo e um pouco mais de vigor do que uma caminhada moderada até um ponto de ônibus? Você já notou que muitas das ações que desenvolvemos no dia a dia estão sendo absorvidas pelas inúmeras descobertas tecnológicas que visam tornar a nossa vida mais confortável? A máquina de lavar, a escada rolante, o elevador, os diversos meios de transporte e o controle remoto do aparelho de televisão são alguns dos itens que cumprem essa função.

É muito bom contar com as comodidades da vida moderna, mas isso também pode nos trazer um ônus: a vida sedentária. Com ela vêm inúmeros problemas de saúde, como doenças coronarianas, colesterol alto e diabetes.

Segundo esse raciocínio, é mais cômodo usar o elevador ou a escada rolante do que subir as escadas; é mais fácil trocar de canal pelo controle remoto do que no aparelho televisor; é mais rápido ir à escola ou ao trabalho de carro ou de ônibus do que de bicicleta ou a pé. E assim vamos reduzindo nosso consumo de energia, porque nos movimentamos cada vez menos. Associado a isso, ainda nos entregamos às tentações da gastronomia; depois de alguns anos, deparamo-nos com quilos a mais e vamos atrás do "culpado".

A inatividade física tem sido uma preocupação dos governos, que consideram esse fator fundamental para o aumento do número de doenças não genéticas. Diversos investimentos em programas educativos têm sido realizados para reduzir os índices de doenças provocadas pelo estilo de vida das pessoas. Malta et al. (2015) destaca que, globalmente, foi acordado entre as nações uma redução de 10% nos níveis de inatividade física da população.

Mas o que é *atividade física*? Há diferença entre atividade física e exercício físico?

A expressão *atividade física* comumente é atribuída a toda ação corporal relacionada com a prática esportiva: dança; atividades em academia, como musculação e ginástica; corridas; entre outras. Trata-se de ações que exigem certo esforço físico, sem relação direta com a melhoria do condicionamento físico. A atividade física está associada às ações do dia a dia, por exemplo, a serviços domésticos – como varrer, lavar louça, arrumar a cama, lavar o banheiro e passar, lavar (à mão), estender e dobrar roupa –, e a outras ações motoras, como caminhar e realizar tarefas mecânicas no ambiente de trabalho.

Nessa direção, concordamos com a afirmação de Brito-Gomes et al. (2015), citando Caspersen (1985), quando apresenta a atividade física como qualquer ação motora realizada pelo musculo esquelético com gasto energético superior ao do estado em repouso.

Considerando os benefícios que a prática permanente de atividade física pode trazer às pessoas, existem estudos que indicam alguns parâmetros sobre um volume recomendável. Brito-Gomes et al. (2015) apresentam dados do American College of Sports Medicine (ACSM) que apontam que jovens, adultos e idosos deveriam realizar pelo menos 30 minutos de atividades diárias, cinco vezes na semana. Sugere-se ainda que a atividade seja moderada, atingindo de 50% a 69% da frequência cardíaca. Para as crianças e os adolescentes, é recomendável que, durante o mesmo período na semana, o tempo diário seja de 60 minutos.

Dessa forma, de acordo com esses dados, o indivíduo que respeitar essa orientação de atividade física, incluindo-a em sua rotina, conseguirá manter um nível de qualidade de vida melhor. A adoção de práticas simples, como realizar tarefas diárias manualmente e fazer caminhadas curtas, pode propiciar a jovens, adultos e idosos uma vida mais saudável. Para as crianças, os jogos e as brincadeiras diárias são muito importantes.

Os exercícios físicos, por sua vez, são práticas corporais programadas, com rotina e metas a serem atingidas, uma forma de atividade física planejada sob a orientação de um profissional de Educação Física. Nessa direção, podemos pensar em objetivos determinados pelo praticante, como manutenção ou redução de peso.

Associada a uma dieta alimentar, a prática de exercícios físicos contribui para o controle do peso corporal. Apesar de não haver uma regra para todas as pessoas quanto ao volume e ao tipo de atividade mais adequado, em virtude de aspectos genéticos e outros, o raciocínio quanto ao controle de peso é relativamente simples: à medida que você queima mais calorias do que consome, há perda de peso. Da mesma forma, à medida que você equilibra o consumo de calorias com o gasto energético, há manutenção do peso.

Outro conceito interessante relacionado à atividade física e saúde é o de *condicionamento físico*. Existem diferentes definições de aptidão física, e elas estão associadas aos objetivos e ao nível de capacidade ou função da pessoa.

De acordo com Guedes e Guedes (1995), podemos diferenciar a aptidão física em duas modalidades: quando as pessoas realizam modalidades esportivas sistemáticas, como competições, que exigem níveis mais elevados de aptidão física, temos o **desempenho físico**. Quando os indivíduos buscam manter um grau satisfatório de aptidão física para que possam realizar suas atividades cotidianas sem maiores dificuldades, temos o **condicionamento físico de manutenção**. Portanto, o primeiro está relacionado ao desempenho atlético, enquanto o segundo está ligado à saúde ou, como afirmam Morrow Jr. et al. (2014, p. 209), à "manutenção das capacidades físicas que estão relacionadas à boa saúde [...] para realizar as atividades diárias e enfrentar desafios físicos e inesperados".

Esperamos que você tenha percebido que há diferentes níveis de aptidão ou condicionamento físico. Assim sendo, segue uma sugestão para que você avalie como está seu estado de aptidão física: analise de forma sistemática as atividades que realiza mecanicamente, como pequenos trabalhos domésticos e o deslocamento para o trabalho, e verifique se você as tem feito com relativo conforto ou se tem sentido muito cansaço. Claro que é necessário considerar uma série de fatores, mas isso pode ser um bom indicativo de seu estado de aptidão física.

Devide (1998), citando Bouchard et al. (1990), apresenta a relação da aptidão física com o bem-estar na realização das tarefas diárias ou atividades de lazer, bem como os benefícios à saúde que ela pode trazer:

> *um estado dinâmico de energia e vitalidade que permita a cada um não apenas a realização das tarefas do cotidiano, as ocupações ativas das horas de lazer e enfrentar emergências imprevistas sem fadiga excessiva, mas também evitar o aparecimento das disfunções hipocinéticas, enquanto funcionando no pico da capacidade intelectual e sentindo uma alegria em viver.* (Devide, 1998, p. 110)

Com base nessa ideia de condicionamento físico, você deve estar pensando que cada pessoa, conforme seus interesses e necessidades, pode definir o tipo de aptidão física que deseja.

Vamos considerar que uma pessoa pratica algum esporte com os amigos regularmente e busca realizar um programa de exercícios que lhe proporcione condições de ter um desempenho melhor durante as partidas ou, ainda, que uma pessoa pratica alguma modalidade esportiva com finalidades competitivas e precisa melhorar sua *performance*.

Nesses dois casos, a busca por certo nível de aptidão física está relacionada à preparação para um esforço maior, a ser executado de maneira mais adequada. Além disso, a pessoa procura nesse programa de exercício físico dispor de uma estrutura física com condições de suportar esse esforço com o mínimo de prejuízo para suas articulações e sua musculatura.

Contudo, é importante esclarecermos que há duas dimensões de esporte nesses casos. No primeiro, estamos falando do esporte-rendimento, com características do esporte espetáculo, que exige do praticante *performance*, cujo esforço pode comprometer a saúde. A outra dimensão esportiva trata do esporte-recreação, o qual a pessoa pratica em seus momentos de lazer, com o intuito de diversão, sociabilização ou mesmo manutenção de uma prática regular esportiva para a preservação da saúde.

Vamos pensar, agora, em outra situação. Uma pessoa procura participar de um programa regular de exercícios físicos porque gostaria de ter mais disposição física para realizar suas atividades diárias, como trabalhar, deslocar-se ao trabalho, fazer serviços domésticos e estudar. Nesse caso, o objetivo planejado está associado à manutenção do seu estado de bem-estar ou saúde.

Considerando que, no ambiente escolar, a Educação Física está associada com a educação e a conscientização para uma condição ótima de saúde, entendemos que o enfoque deve ser dado à aptidão física para a saúde.

Veja que interessante: você já deve ter ouvido alguém comentar ou talvez você mesmo já tenha feito alguma observação deste tipo: "Eu faço exercício físico todos os dias e não consigo emagrecer como meu amigo". Essa comparação denuncia que a associação entre a atividade física, a aptidão física e a saúde é constituída com base em uma relação entre vários fatores, como a predisposição genética, o estilo de vida da pessoa e também as questões ambientais (Guedes; Guedes, 1995). Portanto, para planejar e desenvolver um programa de exercício físico para um indivíduo, é preciso considerar uma multiplicidade de fatores.

Outro detalhe sobre a dificuldade de estabelecer parâmetros para todas as pessoas quanto à atividade física ideal, intensidade, frequência etc. está nos parâmetros associados com o peso do indivíduo.

Como você identifica que está acima do peso? Será por aquelas "gordurinhas" acumuladas na região abdominal, comumente chamadas de "barriga de cerveja"?

Existem diversos procedimentos para verificar se estamos acima do peso considerado ideal, porém é necessário levar em conta vários detalhes, como a estrutura física. Entre os vários procedimentos à disposição, vamos indicar um bastante simples, para que você possa entender como funciona.

Esse procedimento é o cálculo do índice de massa corporal (IMC). Basta dividir o *peso* (em quilogramas) pela *altura* (em metros) ao quadrado:

$$IMC = \frac{peso\ (kg)}{estatura^2\ (m)}$$

Veja o exemplo a seguir, simulando o caso de uma pessoa com 80 quilos e 1,80 metro de altura:

IMC = 80 ÷ 1,80²
IMC = 80 ÷ 3,24
IMC = 24,69

Com base nesse resultado, você pode verificar, na tabela de referência criada pela Organização Mundial da Saúde (OMS), como está sua situação com relação ao seu peso.

No entanto, é importante destacarmos novamente que esse instrumento deve ser adotado como referência, considerando as diferenças genéticas de cada pessoa.

Tabela 1.1 – Tabela de resultados

IMC	Categoria
Abaixo de 18,5	Subnutrido
18,5-24,9	Peso saudável
25,0-29,9	Sobrepeso
30,0-34,9	Obesidade Grau I
35,0-39,9	Obesidade Grau II
40,0 e acima	Obesidade Grau III

Fonte: IMC, 2016.

▣ Verifique sua frequência cardíaca enquanto permanece em repouso e durante algumas situações cotidianas de esforço físico. Faça uma planilha e preencha-a alguns dias consecutivos, para saber como está seu condicionamento físico. Para isso, considere a seguinte fórmula:

$$F.C.\ máx.^i = 220 - idade$$

[i] **F.C. máx.** significa "frequência cardíaca máxima".

A seguir, apresentamos, de forma didática, uma série de situações sobre as atividades físicas e os exercícios, bem como os mitos acerca desse assunto. Leia o Quadro 1.1 para elucidar algumas dúvidas muito comuns em nosso dia a dia.

Quadro 1.1 – Mitos e verdades sobre atividades físicas e exercícios

Assunto	Mitos	Verdades
Exercícios abdominais	Executar exercícios abdominais emagrece.	Exercícios abdominais tonificam a musculatura. Para emagrecimento, são recomendáveis os exercícios físicos aeróbicos.
Bebidas esportivas	É necessário tomar suplementos, isotônicos e outros complementos para ter resultados positivos com os exercícios físicos.	As chamadas bebidas esportivas são importantes para atletas que praticam esportes ou exercícios físicos de alta intensidade.
Vestimentas	Roupas escuras e quem ajudam a provocar a transpiração e a emagrecer.	Para a realização de exercícios físicos é importante o uso de roupas leves.
Consumo de água	Tomar água durante a prática de esportes ou exercícios físicos atrapalha a realização da atividade.	É necessário o consumo constante de água durante a realização de exercícios físicos ou esportes pra hidratar o organismo.
Alimentação	Realizar exercícios físicos ou praticar esportes em jejum auxilia no emagrecimento.	Realizar exercícios físicos ou praticar esportes sem alimentação adequada poder provocar prejuízos à saúde.
Transpiração	A transpiração é sinônimo de emagrecimento.	A perda de líquido do corpo não está associado a queimar caloria. Esse líquido precisa ser reposto.

Síntese

Demonstramos neste capítulo que os esportes, a ginástica e outras práticas corporais, além de estreitamente associados às questões de ordem biológica e fisiológica, são carregados de significados, ou seja, têm sentidos distintos com base nas representações sociais que os grupos lhes atribuem.

Também apresentamos os mitos construídos com base no senso comum que podem comprometer a saúde do próprio indivíduo. Por exemplo: muitas vezes, atletas profissionais sacrificam a própria integridade física em busca da conquista de resultados em competições.

Para saber mais

MACUR, J. **Circuito de mentiras**: ascensão e queda de Lance Armstrong. Rio de Janeiro: Intrínseca, 2014.

Lance Armstrong tornou-se uma celebridade no mundo dos esportes por sua demonstração de superação e suas conquistas nas competições de ciclismo. Contudo, esse exemplo perdeu-se quando ele foi vítima de denúncias que o obrigaram a confessar que usou drogas para aumentar seu desempenho esportivo.

SABA, F. **Educação Física**: profissões. 4 jul. 2013. Disponível em: <https://www.youtube.com/watch?v=iLS2IdkuGfw>. Acesso em: 22 abr. 2016.

Reportagem realizada com o professor de Educação Física Fabio Saba, na qual ele esclarece como funciona a regulamentação da área e apresenta um cenário de seu respectivo mercado de trabalho.

Exercícios

1) Em geral, as pessoas associam os conhecimentos da Educação Física às ciências naturais, desprezando, de certa forma, o conhecimento das áreas humanas, como a sociologia e a história. Assinale a sentença que corresponde à ideia que contribuiu para esse fenômeno:

   a) A vinculação de uma filosofia higienista com o discurso da promoção de uma nação forte e saudável direcionou, por muito tempo, discursos sobre a Educação Física escolar.
   b) A Educação Física é uma área do conhecimento que interpreta o homem, considerando seu estado biológico.
   c) Na escola, cabe à Educação Física trabalhar o corpo das crianças para previni-las da obesidade. As demais áreas devem promover discussões sob a perspectiva das ciências humanas.
   d) É possível compreender as relações do homem com seu corpo com base em seu estado biológico de saúde.
   e) O que realmente importa na atividade física é o controle da obesidade.

2) Tem aumentado de maneira significativa o número de pessoas que têm dedicado tempo, energia e recursos para adotar sistematicamente a prática de uma atividade física. Um retrato disso são as provas de corrida realizadas em todo o país, que contam, a cada dia, com mais participantes. Sobre os motivos que levam as pessoas a adotarem esse hábito, analise

as sentenças a seguir e marque (V) para as verdadeiras e (F) para as falsas:

( ) As pessoas são obrigadas a participar de atividades físicas sistematicamente por determinação das autoridades públicas, para reduzir o índice de atendimentos a pessoas com doenças não genéticas na saúde pública.

( ) As pessoas, levadas pela influência dos comportamentos da moda, são motivadas a participar de atividades sistemáticas.

( ) As pessoas buscam pela atividade física sistemática com intenção de melhorar seus parâmetros biológicos e suas condições fisiológicas.

( ) As pessoas buscam na atividade física sistemática, entre outros objetivos, ampliar sua rede de relacionamentos e criar grupos sociais de convivência.

( ) As pessoas praticam atividades físicas sistemáticas em virtude da sensação de prazer provocado pela liberação de hormônios, como a endorfina.

3) Alguns profissionais que estudam os benefícios da atividade física na vida das pessoas recomendam a elas a adoção de um estilo de vida mais ativo, mesmo que não participem de programas de exercício físico rotineiramente. Há várias recomendações para que o indivíduo saia de um estado de sedentarismo e passe a ser fisicamente ativo. Analise as afirmações a seguir e identifique a que corresponde a essa ideia:

a) A pessoa ativa é aquela que eventualmente substitui o uso de alguns recursos tecnológicos que lhe dão conforto, como o controle remoto da televisão, para executar a sua ação manualmente.

b) A pessoa ativa é aquela que realiza pelo menos 30 minutos de atividades físicas, uma vez na semana.

c) A pessoa ativa é aquela que realiza qualquer atividade física, em qualquer dia da semana, como a ação de tomar banho.

d) A pessoa ativa é aquela que realiza atividades leves, que não exijam grandes alterações em sua frequência cardíaca.

e) A pessoa ativa é aquela que, independentemente da idade (jovem, adulta ou idosa), realiza 30 minutos de atividade física diária.

4) Como demonstramos neste capítulo, existe uma diferença entre atividade física e exercício físico. Analise as sentenças a seguir e assinale a alternativa que corresponde à ideia de exercício físico:

a) Qualquer atividade realizada pela pessoa em que há um consumo energético.
b) Práticas corporais programadas, com rotina e metas a serem atingidas.
c) Atividades com duração de, no mínimo, 30 minutos diários, como pequenos trabalhos domésticos e caminhadas.
d) Atividades esportivas praticadas nos fins de semana, eventualmente.

5) Existem diversas compreensões equivocadas sobre a atividade física disseminadas pelas pessoas e, muitas vezes, assimiladas como verdades. Com relação à atividade física, analise as sentenças e assinale (V) para as verdadeiras e (F) para as falsas:
( ) Exercícios abdominais emagrecem.
( ) Alongamentos são necessários antes dos exercícios.
( ) Suar bastante faz bem à saúde.
( ) Roupas leves são mais adequadas para as atividades físicas.
( ) Exercitar-se todos os dias é melhor para a saúde.

6) O sedentarismo é apontado como um dos responsáveis pelo aumento da obesidade em crianças, jovens, adultos e idosos. Um dos fatores que têm levado as pessoas para uma vida menos ativa é a substituição do esforço humano na realização das tarefas diárias (no trabalho, em casa ou no lazer) pelos diversos equipamentos tecnológicos existentes. A respeito das atitudes que contribuem para a manutenção da atividade física adequada, analise as sentenças a seguir e marque (V) para as verdadeiras e (F) para as falsas:
( ) Procure usar o elevador em vez de usar as escadas.
( ) Realize, pelo menos, 30 minutos diários de tarefas que lhe exijam certo esforço físico.
( ) Incentive as crianças a participar por, pelo menos, 60 minutos diários de jogos e brincadeiras nas quais elas tenham de saltar, pular, correr.
( ) Defina um dia da semana para fazer todas as atividades laborais que podem ser realizadas mecanicamente.
( ) Organize, eventualmente, alguns dias da semana para realizar algumas tarefas diárias de forma mecânica.

7) Vários temas relacionados à Educação Física fazem parte das discussões cotidianas das pessoas. Em casa com os familiares, no trabalho ou no lazer com os amigos, é comum ouvir orientações sobre corridas, caminhadas e diferentes formas de realizar determinada atividade

física. A respeito das afirmações do senso comum relacionadas a conhecimentos da Educação Física, analise as afirmações a seguir e assinale a alternativa correta:
a) O exercício físico é uma atividade natural do ser humano, portanto, pode ser realizado pelas pessoas de qualquer maneira.
b) Para emagrecer, é necessário usar roupas que aqueçam o corpo enquanto se realizam exercícios físicos.
c) O melhor horário para realizar exercícios físicos é pela manhã, em jejum.
d) A prática regular do exercício físico prejudica a saúde, caso seja realizada sem o devido cuidado em relação à forma e à intensidade empregadas.
e) Não é necessário o uso de trajes adequados para se realizarem exercícios físicos.

8) Apesar de ser muito comum as pessoas concordarem sobre a relevância das aulas de Educação Física na escola, a justificativa está intimamente ligada a questões relacionadas com sedentarismo e obesidade infantil. Contudo, a Educação Física, como área de conhecimento, apresenta princípios mais complexos. Analise as afirmações a seguir e assinale a alternativa correta:

a) A Educação Física, como área do conhecimento, atua com base em suas práticas corporais (esporte, exercícios físicos, dança, lutas, ginástica e outras) e está intimamente ligada à forma de viver de cada grupo social.
b) A Educação Física, como área do conhecimento, compreende aspectos biológicos do ser humano, desconsiderando os aspectos sociais, econômicos e políticos.
c) A Educação Física na condição de área do conhecimento tem como principal objetivo levar pessoas a uma prática regular da atividade física para reduzir os problemas de obesidade.
d) A Educação Física, como área do conhecimento, está preocupada somente em estudar os fatores biológicos que levam ao sedentarismo.
e) A Educação Física, como área do conhecimento, procura atenuar os problemas sociais de violência, incentivando as crianças à prática de atividades físicas.

9) A atividade física tem sido muito associada à qualidade de vida das pessoas. Assim, é razoável afirmar que o indivíduo que se mantém ativo terá mais possibilidade de manter-se saudável. Porém, há diferentes formas de exercitar-se,

que variam conforme os objetivos desejados. Analise as afirmações a seguir e assinale a alternativa que indica a recomendação correta relacionada ao exercício físico e à qualidade de vida:
a) Realizar exercícios com frequência de três a cinco vezes por semana, de forma moderada.
b) Participar de competições esportivas, em modalidades individuais ou coletivas, sem a necessidade de adequar o organismo para essas práticas.
c) Realizar exercícios programados com alta intensidade, buscando constantemente a superação de seus limites.
d) Manter-se ativo, realizando atividades quando tiver disposição para isso.
e) Praticar esportes de alto impacto e de forma intensa, levando ao extremo sua condição física.

10) Mesmo que o exercício físico esteja associado a questões de caráter biológico e, ainda, à manutenção ou redução de peso, os resultados variam de um indivíduo para o outro. Analise as afirmações a seguir e assinale a alternativa correta:
a) Os programas de exercícios físicos não são eficientes.
b) Para planejar e desenvolver um programa de exercício físico para um indivíduo, é preciso levar em conta uma multiplicidade de fatores.
c) A realização de exercícios físicos não contribui para o emagrecimento do indivíduo.
d) A prática regular de exercícios físicos leva à redução de peso somente em pessoas com características genéticas específicas.
e) A redução de peso por meio da realização de exercícios físicos acontece somente em idosos.

capítulo dois

Vivemos em uma sociedade educada para o trabalho. A ideia de uma vida direcionada para o labor é impregnada desde a infância. Frases como "O que você vai ser quando crescer?" e "Se você quiser ser algo na vida, é preciso estudar" funcionam como um mantra. Com isso, infelizmente, o lazer constitui-se um espaço caracterizado de ideias preconceituosas. A afirmativa "cabeça vazia é oficina do diabo", por exemplo, provoca constrangimento nas pessoas quando elas utilizam seu tempo disponível em busca de diversão.

Nossa proposta neste capítulo é apresentar algumas ideias gerais sobre o fenômeno **lazer**, demonstrando que ele deve, sim, ocupar um espaço em nossa vida, permitindo-nos desfrutar de nossa existência.

O uso do termo *lazer* tornou-se comum. As pessoas falam sobre a vida e relacionam a essa temática diversos assuntos: qualidade de vida, orçamento familiar, recuperação do estresse causado pelo trabalho, diversão etc. Esses discursos justificam práticas e também nos indicam modos de vida de determinadas populações.

Assim, é comum as pessoas dizerem que vão aproveitar o fim de semana para se recomporem do desgaste – físico e emocional – provocado pelo trabalho; outros buscam diversificar sua rotina diária com momentos divertidos, alegres; alguns ocupam o tempo livre com a prática de atividades físicas, na expectativa de melhorar sua condição física e, consequentemente, sua saúde; há aqueles também que buscam no lazer ampliar sua rede de relacionamentos, aumentando o círculo de sociabilidade para a convivência informal.

É possível destacarmos uma infinidade de motivos que levam as pessoas a despender energia e recursos para desfrutar do tempo livre, se levarmos em conta a interpretação que cada grupo social dá ao lazer.

Nossa relação com esse fenômeno social é resultado de uma construção histórica baseada nas diversas disputas no campo social, realizadas entre os diferentes agentes e sujeitos. Um fato histórico marcante, ao qual os estudiosos atribuem uma significativa influência, foi o advento da Revolução Industrial.

A partir desse evento, as relações de trabalho foram ganhando contornos mais definidos, e a informalidade, própria do ambiente rural, foi perdendo espaço nos centros urbanos. Dessa maneira, o espaço do lazer começou a ficar bem marcado, restringindo-se ao período em que não há obrigações profissionais, e a possibilidade de os indivíduos se relacionarem de forma mais flexibilizada gradativamente desapareceu.

Associada às novas tecnologias do século XIX, como a máquina a vapor, a produção industrial ganhou uma velocidade que exigia uma organização mais racional dos processos produtivos. Em virtude dessa demanda, a jornada de trabalho foi estruturada com extensas horas diárias, absorvendo todo tipo de mão de obra, como crianças, jovens, adultos e idosos.

Em uma breve análise da configuração social fundamentada no trabalho, podemos sugerir que o lazer ganhou contornos de um tempo residual na vida das pessoas. Vejamos uma definição de Dumazedier (1980, p. 94) para o termo *lazer*:

> *um conjunto de ocupações às quais o indivíduo pode entregar-se de livre vontade, seja para repousar, seja para divertir-se, recrear-se e entreter-se ou, ainda, para desenvolver sua informação ou formação desinteressada, sua participação social voluntária ou sua livre capacidade criadora após livrar-se ou desembaraçar-se das obrigações profissionais, familiares e sociais.*

Na compreensão de Dumazedier (1980), fica evidente que o lazer ocupa um tempo residual, tendo em vista que se efetiva após as pessoas se livrarem de qualquer tipo de obrigação profissional, familiar ou pessoal. Com relação a essas obrigações, além do trabalho, o autor trata das atividades de higiene, alimentação e arrumação da casa, do tempo gasto com deslocamentos, dos compromissos religiosos, entre outras.

Contudo, considerando a dinâmica da vida nas sociedades atuais, Marcellino (1998) sugere a flexibilização dessa ideia, propondo que o lazer seja definido como a cultura praticada ou fruída no tempo disponível. Com isso, o autor admite ser possível que uma pessoa, durante seu deslocamento para o trabalho, se desconecte por alguns instantes, por exemplo, com a leitura de um livro ou ouvindo música e se entregue a uma situação que não esteja vinculada com a ideia de obrigação. O autor reforça esse pensamento quando afirma que o lazer está envolvido em três dimensões: tempo, atitude e atividade. Portanto, a atitude surge como um elemento associado à intenção do sujeito, atribuindo maior fruição às oportunidades de lazer.

Apesar de vermos duas posições distintas, há ainda a vinculação do tempo de trabalho nesses discursos, ou seja, conforme

Marcellino (1998) e Dumazedier (1980), não há possibilidade de lazer durante o trabalho institucionalizado, aquele em que existe relação profissional entre o empregador e o empregado.

É interessante destacar também dois termos associados à questão do lazer: lazer ativo e lazer passivo. No primeiro, a pessoa é ator da atividade; no segundo, o indivíduo é espectador.

Tornando essa ideia mais clara, o **lazer ativo** ocorre quando a pessoa está participando de algum esporte, realizando alguma atividade artística como pintura, desenho etc. O **lazer passivo**, por sua vez, está associado à situação em que o sujeito não participa ativamente da atividade; ele fica na plateia, assistindo ao espetáculo ou apreciando qualquer outra atividade.

Contudo, essa categorização da relação do sujeito com a atividade não dá condições de interpretar a conexão do indivíduo com aquilo que opta como atividade de lazer. Acreditamos que é pertinente acompanhar o pensamento de Marcellino (1998) e interpretar que a ação é ativa ou passiva pelo envolvimento que o próprio sujeito estabelece com ela. Assim, pela predisposição do sujeito, é possível afirmar que ele tem condições de se envolver intensamente com alguma atividade, mesmo sendo espectador, quando está assistindo a um filme ou a uma peça de teatro ou mesmo apreciando obras em uma exposição de artes. Ainda nesse raciocínio, podemos também aceitar que o sujeito, em um churrasco com amigos, jogando uma partida de futebol com companheiros de trabalho ou fazendo origâmi em uma oficina de artes, por um conjunto de variáveis, se encontra passivo ao que acontece.

Outro detalhe relevante sobre aspectos conceituais do lazer é a classificação das atividades correlatas proposta por Dumazedier (1980). Esse autor compreende que as pessoas definem quais atividades de lazer irão realizar no seu tempo livre, de acordo com determinados interesses ou motivações predominantes.

A ideia de considerar esses grupos de atividades como interesses culturais do lazer está na concepção de cultura em um sentido amplo. Portanto, são práticas sociais assimiladas com base em um conjunto de regras morais estabelecidas por grupos sociais.

Assim, Dumazedier (1980) sugere cinco grupos de atividades que ele denomina *interesses culturais do lazer*: interesses físicos/desportivos; interesses artísticos; interesses manuais; interesses sociais e interesses intelectuais. Existe outro interesse cultural de lazer, sugerido por Camargo (1989), que trata dos interesses turísticos.

A princípio, você pode ter alguma dificuldade de compreender esses interesses culturais de lazer pela forma como foram organizados. Em geral, a primeira forma de análise consiste em vê-los de forma isolada, sem o cuidado de considerar que as motivações determinam as escolhas e que os interesses podem ser contemplados em diferentes dimensões. Por exemplo: minha motivação predominante na escolha de uma atividade é encontrar os amigos, confraternizar, e, apesar de eu não ser um aficionado da prática esportiva, o grupo de que faço parte decidiu reunir-se para jogar uma partida de voleibol. Veja que, apesar de a atividade ter característica físico/desportiva, meu interesse é social.

Então, nossa sugestão é analisar essas práticas de forma inter-relacionada e, ainda, usar essa distribuição construída por Dumazedier (1980), com uma orientação didática que permite visualizar a dimensão diversificada que é o universo das práticas de lazer.

Quadro 2.1 – Características dos interesses culturais do lazer

Interesse cultural	Característica predominante	Exemplo de atividades
Físico/desportivo	A motivação central nesse grupo é o interesse em realizar atividades de caráter corporal.	Caminhadas, alongamentos, prática esportiva, gincanas, dança, ginástica, corridas.
Manual	A motivação central nesse grupo está na manipulação de objetos ou produtos, os quais são transformados ou alterados.	Jardinagem, horticultura, bricolagem, prática de desenhos, pintura e outros.
Artístico	Nesse grupo, a experiência estética, ou seja, a apreciação de algo é a motivação central.	Assistir a peças de teatro, filmes, declamação de poesias, exposições de obras de arte.
Intelectual	A motivação central nesse grupo é o interesse pela informação. A busca pela forma racional de conhecimentos.	Ler jornal e livros, assistir a filmes do gênero documentário, participar de palestras e cursos.
Social	O fator preponderante na motivação é o encontro com pessoas.	Bailes, festas, confraternizações.
Turístico	Nesse caso, o fator motivação está associado com o conhecimento de novos lugares, novas culturas, diferente daquele onde vive o indivíduo.	Viagens em geral.

Fonte: Adaptado de Camargo, 1989.

No Brasil, tivemos a influência de outro sociólogo nas discussões sobre lazer. Do final da década de 1990 até o início dos anos 2000, o sociólogo italiano Domenico de Masi divulgou suas ideias sobre o ócio criativo, provocando grande interesse das pessoas em geral pelo tema.

De Masi (2000) defende a ideia de que as pessoas que têm oportunidades de experiências diversificadas no lazer são capazes de se tornarem mais criativas. Levando em consideração a possibilidade de os indivíduos se desenvolverem no lazer, suas ideias foram muito bem recebidas pelas empresas que entenderam ser interessante oferecer oportunidades de lazer aos seus funcionários, porque essas experiências contribuiriam para aprimorar sua qualidade produtiva.

Síntese

Apresentamos neste capítulo alguns elementos que contribuirão para que você reflita sobre a sua própria vida. Embora o trabalho ocupe uma centralidade na vida de toda a sociedade, outras dimensões da vida humana merecem atenção, como o lazer. A classificação das atividades de lazer permite enxergar que a escolha por uma ocupação no tempo livre é de um caráter muito pessoal, apesar das diversas influências sociais.

Outro alerta sobre o uso do tempo livre com práticas de lazer está no fato de que, geralmente, procuramos encontrar um motivo útil para as atividades dessa natureza, como aprender algo, o que está muito próximo da ideia de ócio criativo.

Para saber mais

O PREÇO do amanhã. Direção: Andrew Niccol. Estados Unidos: 20th Century Fox, 2011. 109 min.
Esse filme retrata uma sociedade que, para a conquista de sua própria existência, usa como moeda de troca o seu tempo de vida, ou seja, a sua própria existência. Permite uma reflexão muito interessante sobre como administramos nossa vida e como o tempo constitui um valor essencial para nossa sobrevivência.

CAMARGO, L. O. de L. **O que é lazer?** São Paulo: Brasiliense, 1989.
Essa obra apresenta uma discussão sobre a temática lazer que permite ao leitor compreender a dinâmica desse objeto na vida cotidiana das pessoas. O autor apresenta nesse material vários conceitos do sociólogo Joffre Dumazedier.

Exercícios

1) Considerando o conceito de Dumazedier (1980) sobre o lazer, assinale a alternativa que confirma sua ideia:
   a) O trabalho também pode ser lazer quando há prazer.
   b) As atividades domésticas não se constituem como obrigação, porque são realizadas no tempo livre das pessoas.
   c) Para que haja lazer, as atividades devem acontecer fora do tempo das obrigações.
   d) O lazer tem a finalidade somente de diversão, e não há a possibilidade de a pessoa desenvolver-se nesse tempo livre.
   e) O tempo gasto com deslocamento para o trabalho pode ser considerado lazer.

2) Marcellino (1998) propõe um olhar sobre o que é lazer que, de certa forma, flexibiliza a ideia do tempo livre para tempo disponível. Analise as sentenças a seguir e assinale a alternativa que explica essa ideia corretamente:
   a) Durante a jornada laboral, o contato de uma conversa informal sobre assuntos que não são relacionados ao trabalho pode ser considerado lazer.
   b) Durante algumas atividades diárias, como o deslocamento para o trabalho, é possível que o lazer aconteça, no momento que a pessoa lê um livro ou ouve música, por exemplo.
   c) O trabalho torna-se flexível e pode ser lazer para alguns e obrigação para outros.
   d) O lazer está presente em profissões cujas jornadas de trabalho não se constituem em formas rigorosas de controle.
   e) Todo trabalho é lazer, desde que a jornada diária seja flexível.

3) Há uma interpretação comum do que é lazer ativo ou passivo. Analise as sentenças a seguir e assinale (V) para as verdadeiras e (F) para as falsas:
   ( ) Lazer ativo é aquele em que a pessoa participa ativamente, por exemplo, jogando uma partida de futebol.
   ( ) Lazer passivo é aquele em que a pessoa desfruta do lazer como espectador, por exemplo, assistindo a uma peça de teatro.
   ( ) A passividade ou não no lazer depende do envolvimento da pessoa, e não da atividade em si.

( ) O lazer ativo está associado à realização de atividades físicas.
( ) O lazer passivo está associado ao teatro e ao cinema.

4) Considerando que, na proposta de Dumazedier (1980), o lazer é a representação das vontades das pessoas (interesses culturais do lazer), analise as sentenças a seguir e identifique a afirmativa que indica como se processa a escolha das atividades:
a) As atividades são escolhidas pelo preço.
b) As atividades são escolhidas por necessidades ou motivações predominantes.
c) As atividades são escolhidas sem critério específico, considerando que são livre escolha.
d) As atividades não são escolhidas, pois elas acontecem espontaneamente.
e) As atividades não são escolhidas, pois elas são obrigatórias.

5) Analise a coluna da esquerda, referente ao interesse cultural, e relacione-a com a da direita, que apresenta exemplos de atividades:

Interesse cultural	Exemplo de atividades
(1) Físico/desportivo	( ) Jardinagem, horticultura, bricolagem, prática de desenho, pintura, entre outros exemplos.
(2) Manual	( ) Viagens em geral.
(3) Artístico	( ) Bailes, festas, confraternizações.
(4) Intelectual	( ) Ato de ler jornal e livros, assistir a filmes do gênero documentário, participar de palestras e cursos.
(5) Social	( ) Ato de assistir a peças de teatro, filmes, declamação de poesias, exposições de obras de arte.
(6) Turístico	( ) Caminhadas, alongamentos, prática esportiva, gincanas, dança, ginástica, corridas.

6) Apesar de grande parte dos trabalhadores reconhecer a importância de desfrutar suas horas livres em família, com amigos ou mesmo sozinhos, à prática do lazer são atribuídos vários sentidos. Sobre essas concepções, analise as sentenças a seguir e assinale (V) para as verdadeiras e (F) para as falsas:

( ) O lazer ajuda a recuperar a energia gasta na rotina diária de trabalho.
( ) O lazer é uma oportunidade de ocupar o tempo com coisas sadias e afastar-se dos hábitos nocivos à saúde.
( ) O lazer permite que o indivíduo aprimore seus conhecimentos.
( ) O lazer permite ampliar a rede de relacionamentos.
( ) O lazer é uma forma de ampliar a renda familiar.

7) No Brasil, do final da década de 1990 até o início dos anos 2000, as ideias do sociólogo italiano Domenico De Masi tiveram grande repercussão nas discussões sobre lazer. Um dos princípios de suas discussões era a ideia do ócio criativo. No que se refere aos sentidos atribuídos ao lazer, analise as sentenças a seguir e assinale (V) para as verdadeiras e (F) para as falsas:
( ) As empresas sentiram-se motivadas a oferecer programas de lazer aos seus funcionários, acreditando que isso contribuiria para melhorar a qualidade produtiva dos colaboradores.
( ) As empresas ficaram indiferentes às propostas de De Masi.
( ) O ócio criativo se faz presente à medida que as pessoas têm a oportunidade de vivenciar experiências diversificadas de lazer.
( ) Qualquer atividade de lazer contribui para que a pessoa amplie sua criatividade.
( ) Somente as atividades de caráter intelectivo promovem a criatividade nas pessoas.

8) Marcellino (1998) sugere que, para interpretar a forma como as pessoas utilizam suas horas livres com lazer, é necessário considerar o aspecto *atitude*. Assim, o autor flexibiliza a ideia de ocupação do tempo livre das pessoas para tempo disponível. Analise as afirmações a seguir e assinale a alternativa correta:
a) O aspecto *atitude* está relacionado com as atividades de caráter físico por exigir da pessoa maior envolvimento na prática.
b) O aspecto *atitude* está associado à predisposição com que o indivíduo aproveita o tempo de que dispõe fora das obrigações formais para realizar outras atividades, como ouvir música no ônibus durante o trajeto do trabalho até sua casa.
c) O aspecto *atitude* dá a ideia de ação, de prática; assim, ouvir música

durante o trabalho, com o objetivo de diversão, está associado ao lazer.
d) O aspecto *atitude* está condicionado à condição econômica da pessoa, que lhe permite optar por atividades que gostaria de fazer.
e) O aspecto *atitude* implica ocupar algum momento ocioso no trabalho com atividades de lazer.

9) Dumazedier (1980) apresenta os interesses culturais do lazer de forma didática, afirmando que, quando o indivíduo busca ocupar seu tempo com atividades de lazer, há predominância de interesses que o motivam na escolha dessa atividade. Analise as afirmações a seguir e assinale a alternativa correta:
a) Existe uma hierarquia nas atividades de lazer, das mais para as menos importantes.
b) As atividades mais interessantes são aquelas de caráter erudito, pelo seu vínculo mais próximo à cultura.
c) A predominância de interesse está associada aos objetivos que as pessoas buscam com a atividade naquele momento.
d) A hierarquia das atividades está organizada conforme o dispêndio financeiro necessário para executá-la. A mais dispendiosa é a mais importante.
e) As atividades que mais despertam o interesse das pessoas são aquelas que não exigem muito esforço físico.

10) As atividades de lazer relacionadas com as práticas corporais do indivíduo, como praticar algum esporte, correr e caminhar, permitem que ele se exercite fisicamente. Em várias cidades do Brasil, há espaços físicos, como quadras esportivas, pistas de caminhada e parques, para que as pessoas tenham condições de realizar essas atividades. Analise as afirmações a seguir e assinale a alternativa correta:
a) O indivíduo busca por uma atividade de caráter físico-desportivo de lazer porque seu objetivo consiste em melhorar suas capacidades físicas e ele não encontra prazer na atividade que realiza.
b) As pessoas encontram nas atividades de caráter físico-desportivo a oportunidade de convivência social e de diversão e também a possibilidade de se exercitarem.
c) As atividades de caráter físico-desportivo realizadas de forma intensa – por exemplo, participar de uma

competição esportiva amadora – não provocam prazer nas pessoas.
d) As atividades físico-desportivas de lazer devem seguir rigorosamente os regulamentos das federações, inibindo, assim, maior liberdade de participação das pessoas.
e) As atividades físico-desportivas de lazer não fazem parte da cultura das pessoas.

capítulo tres

Correr em volta da quadra e fazer polichinelos, abdominais, alongamentos e outros exercícios físicos com o propósito de fortalecer o corpo são algumas das primeiras lembranças que vêm à mente quando mencionamos as aulas de Educação Física na escola.

Outros momentos que podem surgir estão associados à prática de exercícios, a jogos de basquetebol, voleibol, handebol e atletismo.

Bom, caso isso aconteça, é provável que você tenha experimentado uma das formas mais tradicionais de aula, própria das décadas em que a Educação Física apresenta princípios muito vinculados a questões higienistas, ou seja, a uma prática voltada para a profilaxia e também ao propósito de melhoria da raça, assuntos tratados em Biologia Educacional.

Mesmo muitos anos após esse período e com diversas discussões na área, que contribuíram com várias reflexões sobre a Educação Física na escola, ainda é comum a associação das aulas dessa disciplina com a reprodução mecânica de movimentos ginásticos e da prática esportiva.

Contudo, podemos afirmar que a Educação Física, como área do conhecimento e, consequentemente, como disciplina curricular nas escolas, apresentou significativos avanços. Em primeiro lugar, podemos destacar que, de um enfoque com caráter essencialmente biológico, essa área passou a abranger em seus estudos aspectos históricos, sociológicos, antropológicos, entre outros.

Com isso, a Educação Física ganhou dimensões que tratam de qualidade de vida, construção da cidadania, saúde e cultura, e é reconhecida pela sociedade como uma disciplina integrante do currículo escolar na formação de um sujeito crítico e criativo.

Atualmente, há diversas correntes com diferentes abordagens epistemológicas que interferem na forma de pensar a Educação Física. Entre elas, podemos citar algumas, como as abordagens humanista (Oliveira, 1986); fenomenológica (Moreira, 1987); sociológica (Betti, 1991); crítico-superadora (Coletivo de Autores, 1992); crítico-emancipatória (Kunz, 1994) e cultural (Daolio, 1994).

Com o discurso de uma proposta pedagógica para a escola, surgirá algumas tendências, como as descritas a seguir.

- Desenvolvimentista: Nessa abordagem, a característica mais relevante é a compreensão de que a motricidade é o principal foco na educação pelo movimento.
- Construtivista: Com um olhar na cultura infantil, essa abordagem tem o jogo e o brinquedo como elementos centrais do aprendizado dos alunos.

Deve haver uma inter-relação entre as brincadeiras realizadas pelas crianças fora e dentro da escola.
- Crítico-superadora: Sua discussão sugere que a Educação Física leve as crianças a refletir sobre sua realidade social, superando-a com base em sua capacidade de análise.
- Psicomotora: Leva em conta a relação dos aspectos motores com os aspectos cognitivos e psicológicos.

Apesar das diferentes abordagens pedagógicas e das distintas matrizes epistemológicas, há ponto de contato no que se refere ao objeto da Educação Física: o corpo em movimento como o objeto de estudo da área, levando em consideração suas dimensões biológica, sociológica, cultural e histórica.

Acreditamos que essas contribuições foram relevantes para que a Educação Física na escola conquistasse contornos mais significativos na vida dos educandos. Mesmo considerando a existência de conteúdos próprios dos discursos biologistas, especialmente nas décadas de 1970 e 1980, como a prática esportiva, eles ganharam na atualidade novos significados.

A partir dos PCN (Brasil, 1997), os conteúdos de Educação Física são organizados com base em jogos, ginásticas, esportes, lutas e danças. Esses conteúdos apresentam características predominantemente práticas, em virtude da natureza da área. Contudo, obtêm contornos distintos de uma ação essencialmente prática, porque a proposta é que sejam contextualizados conforme a realidade dos sujeitos envolvidos, para que apresentem sentido e significado na vida desses alunos. Assim, estratégias didáticas, além das aulas práticas, fazem parte de um planejamento pedagógico.

Para que você conheça um pouco mais desses conteúdos, apresentaremos alguns esclarecimentos sobre eles.

3.1 Esportes

O esporte é um fenômeno social polissêmico, e sua relação com a sociedade depende dos aspectos sócio-históricos que permeiam seu desenvolvimento em um grupo social. Assim, apesar de as modalidades esportivas serem constituídas de regras unificadas e organizadas por uma entidade de administração do esporte, é atribuído a elas significado, com base nas representações sociais construídas no decorrer dos anos.

Apesar de não dar condições de interpretar o fenômeno com uma análise mais crítica, é interessante a forma como o Ministério do Esporte considera as dimensões do esporte, conforme a Lei n. 9.615, de 24 de março de 1998 (Brasil,

1998). Essa proposta permite, pelo menos, visualizar algumas formas de inserção do esporte na vida das pessoas. Assim, temos o esporte-rendimento, ou de *performance*; o esporte-participação, ou de lazer; e o esporte-escolar, ou esporte-educação. Veja, no Quadro 3.1, algumas características de cada abrangência.

Quadro 3.1 – As dimensões do esporte e suas características

Esporte			
Dimensão	Característica	Finalidade	Forma
Rendimento	Foco no resultado; seletividade	Destacar o melhor	Rigorosidade
Participação	Prazer; liberdade	Participação	Flexibilidade
Educação	Pedagógica	Educativa	Didática; educativa

Fonte: Elaborado com base em Brasil, 1998.

Pelo quadro apresentado, podemos perceber que, para cada forma como as pessoas se relacionam com o esporte, há características peculiares que orientam suas políticas públicas. Assim, quando pensamos no esporte-espetáculo, aquele a que assistimos pela televisão, no qual a relação do atleta com a atividade é regulada por um contrato de trabalho, entendemos que o praticante realiza uma rotina intensa de treinamento, uma vez que há a necessidade de apresentar resultados qualitativos à instituição em que trabalha, seja um clube, seja um órgão público, enfim, qualquer entidade de prática ou administração esportiva.

Um problema na prática esportiva de pessoas não profissionais é a reprodução da lógica do esporte-espetáculo, seja no ambiente do lazer, seja na escola. Assim, encontramos crianças, jovens, adultos e idosos despendendo energia, recursos e, muitas vezes, a própria saúde em busca de resultados em competições. Muitas dessas pessoas almejam atingir resultados que possam contribuir para sua profissionalização na modalidade que praticam.

Na concepção de vários educadores, outra contrariedade está na lógica de reproduzir nas aulas de Educação Física o modelo utilizado no esporte de rendimento. Em virtude disso, vemos aulas excludentes, em que se valorizam os alunos com melhor condição técnica e física em detrimento daqueles que apresentam mais dificuldade na assimilação das atividades desenvolvidas pelo professor.

Quando falamos do esporte-participação, podemos pensar, por exemplo, em uma "pelada" (reunião de amigos para jogar bola), sem a rigorosidade de regras e formato, como no esporte de rendimento. É válida a atividade em que há homens, mulheres e crianças brincando juntos, em um campo, em uma rua ou em qualquer outro espaço que permita sua movimentação. Nesse caso, o que vale é a alegria, a diversão, o encontro. Estamos, assim, na esfera da qualidade de vida e do bem-estar.

Já o esporte-educação envolve atividades que têm como princípio de sua prática fornecer aos alunos subsídios para sua formação, seu desenvolvimento. Estamos, nesse caso, falando da escola e de alunos, e não de atletas. Embora o esporte-educação possa apresentar características similares às do esporte-rendimento, o essencial nessa esfera é a inclusão de todos para a descoberta de oportunidades educativas.

Apesar da distinção das dimensões do esporte, precisamos entender que essa divisão tem um caráter didático. A ideia não é analisar cada uma dessas características de forma isolada, mas enxergar as inter-relações existentes entre elas. Assim, verificamos inter-influências entre os fundamentos dessas esferas, conforme a Figura 3.1.

Figura 3.1 – As interseções do esporte

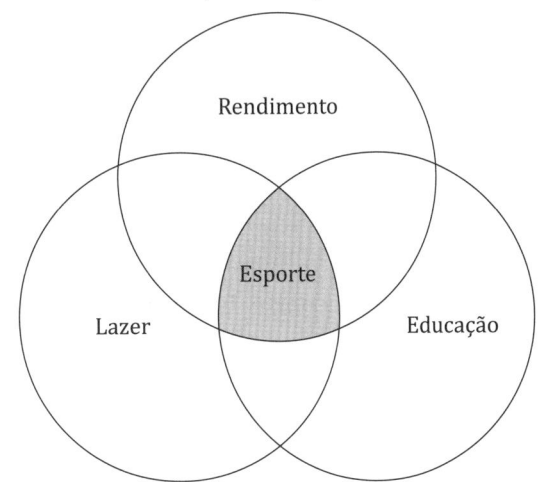

Observe, a seguir, a proposta de Gonzalez (2004), que expõe um cenário interessante sobre a classificação dos esportes, conforme sua relação com o adversário, a lógica de comparação de desempenho, as possibilidades de cooperação e as características do ambiente físico onde se realiza a prática esportiva.

Quadro 3.2 – Quadro geral de modalidades esportivas e suas características

Relação com o adversário	Esportes em que HÁ interação com adversário direto ou com oposição direta						Esportes em que NÃO há interação com adversário direto ou sem oposição direta					
Relação com o objetivo	Translação		Luta		Esportes de campo e taco	Esportes de quadra dividida e muro		De marca		Estético ou técnico combinatório		Precisão ou alvo	
Relação com o colega	Individual	Coletivo	Individual	Coletivo	Coletivo	Individual	Coletivo	Individual	Coletivo	Individual	Coletivo	Individual	Coletivo
Com estabilidade			Judô Caratê Esgrima Boxe Luta greco-romana Taekwondô	*Kabbadi*[i]	Beisebol Softbol Críquete	Tênis Tênis de mesa Squash	Voleibol *Badminton* *Paddle* Tênis	Atletismo (provas de campo) Natação em piscina Halterofilismo ou levantamento de peso	4 m × 100 m em atletismo 4 × 50 m nados combinados Remo	GRD Ginástica olímpica *Skate* Saltos ornamentais	*Acroesport* GRD em grupo Nado sincronizado Saltos sincronizados	Arco e flecha Dardo de salão Golfe Tiro	Bochas
Sem estabilidade	Iatismo (*Finn*)	Iatismo (*Star*)						Natação em águas abertas *Mountain bike* Iatismo	*Rafting*	*Surf*			

Fonte: Adaptado de Gonzalez, 2004, grifo do original.

i "Kabaddi é um esporte asiático intensamente praticado na Índia e outros países, tais como: Paquistão, Bangladesh, Sri Lanka, Nepal e Japão. Trata-se de um esporte de equipe que tem como objetivo tocar e capturar os jogadores da equipe adversária. É jogado num espaço de 12,5 m × 10 m, dividido em duas metades [...]" (Gonzalez, 2004).

Acreditamos que o esporte, como conteúdo escolar da Educação Física, está carregado de interpretações, as quais dificultam o entendimento de sua relação com o desenvolvimento das crianças. Isso porque o esporte, após ser protagonista, por várias décadas, nos currículos escolares como conteúdo da Educação Física, foi alvo de inúmeras críticas. Entre elas está o uso ideológico que os Estados fizeram – e fazem – da atividade esportiva. Um exemplo muito marcante foi o uso político de Adolf Hitler (1889-1945) nos Jogos Olímpicos de Berlim-Alemanha, em 1936. Com a intenção de apresentar ao mundo uma Alemanha recuperada da Primeira Guerra Mundial, o ditador utilizou o evento para demonstrar a superioridade da raça ariana em relação aos demais povos.

A prática esportiva de rendimento também apresenta certa proximidade com o uso ideológico do esporte; a *performance* do atleta e seu resultado são os fatores mais significativos nessa abordagem. Sua presença nas escolas foi muito marcante e as aulas foram comparadas, pelo formato, a sessões de treinamento esportivo.

O problema dessa comparação não está somente nas questões de caráter técnico da realização dos exercícios, mas também nas características que apontam uma prática excludente, seletiva. Portanto, as crianças que apresentavam melhor desempenho tinham mais chances de participação.

Entretanto, o esporte consiste em um elemento de nossa cultura e faz parte da vida das pessoas. Dessa forma, essa atividade precisa ser apresentada aos alunos, contextualizada e problematizada. Assim, os alunos poderão estabelecer relações entre o que aprendem na prática e os conteúdos esportivos que veem na televisão, nos jogos oficiais, no bairro e em outros locais. Essa conexão precisa provocar em quem assiste a um jogo de futebol ou acompanha a vida de uma celebridade do esporte reflexões sobre essa prática ou a realidade em que vive, levantando problemáticas de como essas diferentes dinâmicas interferem em seu dia a dia.

3.2 Lutas

Comumente vinculamos a prática de artes marciais com autodefesa, violência, agressão e, na atualidade, com as disputas de vale-tudo. É comum também associarmos essas atividades ao gênero masculino. Porém, as artes marciais têm assumido um papel relevante na vida das pessoas em geral. Homens, mulheres, crianças, jovens, adultos e idosos têm encontrado nas lutas a oportunidade de praticar um esporte e melhorar o condicionamento físico e a qualidade de vida.

No Brasil, há muitas escolas de artes marciais, com diferentes origens. Alguns desses estilos de luta, como o judô e o caratê, vieram com os colonizadores e, por muito tempo, foram praticadas por grupos étnicos específicos.

Entre essas modalidades, temos também a capoeira, considerada patrimônio cultural de nosso país. Apesar de ter sido proibida no século XIX, sob alegação de estar associada a crimes e violência, hoje essa arte marcial é praticada em clubes, escolas, academias, centros de treinamento esportivo e outros locais, bem como em projetos sociais. A capoeira é muito associada a práticas religiosas. Para muitas pessoas, essa prática é uma dança.

A origem dessa modalidade no Brasil deve-se aos escravos que vieram da África e a utilizaram como forma de defesa física. Comenta-se que os golpes foram criados com base na observação dos movimentos dos animais, como o coice da mula. Apesar de haver muitos golpes similares aos de outras artes marciais, a capoeira destaca-se também pelo aspecto acrobático de seus movimentos e golpes.

Um dos capoeiristas mais famosos do Brasil é o Mestre Bimba (1899-1974). Além de ter sido um exímio capoeirista e criador do estilo regional, teve um papel importante na consolidação dessa modalidade em nosso país. Foi ele quem apresentou a capoeira a Getúlio Vargas, na década de 1930, que autorizou a sua prática, até então proibida.

Existem duas modalidades de capoeira: a regional e a de Angola, esta última difundida pelo mestre Pastinha. Essa modalidade tem características de movimentação baixa, muito próxima ao solo. Uma das explicações para o seu surgimento é que os escravos a praticavam nas senzalas e, para não serem vistos, realizavam os exercícios em uma altura abaixo do nível das janelas. A capoeira regional, por sua vez, é praticada em pé e seu ritmo é mais rápido. Atualmente, fala-se também no estilo contemporâneo, em que as duas modalidades são praticadas simultaneamente.

Quando os praticantes de capoeira se reúnem, eles se organizam em círculo, na chamada *roda da capoeira*. Para o início do jogo, vão ao centro duas pessoas, e as demais ficam agachadas ou sentadas em torno delas. O *jogo da capoeira*, como é conhecida a luta entre dois capoeiristas, é conduzido sob um ritmo musical próprio, e o principal instrumento utilizado é o berimbau, arco de madeira com um arame preso nas extremidades. Para dar sonoridade ao instrumento, utilizam-se uma vareta de bambu ou madeira e uma pedra. Outro instrumento muito comum é o atabaque, que é uma espécie de tambor. Também são utilizados o pandeiro, o reco-reco e outros.

Um dos movimentos característicos da capoeira é o gingado, ou a ginga. Ele constitui o deslocamento do capoeirista, que dá impressão de que está dançando. O objetivo da ginga também é disfarçar os golpes que serão aplicados e proteger o jogador de golpes.

Existem inúmeros golpes praticados na capoeira, classificados em golpes de ataque e golpes de defesa. Entre eles, há vários golpes com características acrobáticas, como o ahú. Veja, no Quadro 3.3, o nome de alguns golpes e sua forma de execução.

Quadro 3.3 – Golpes básicos da capoeira

Golpe	Execução
Martelo	A pessoa, em pé, apoia-se sobre uma perna e procura acertar o adversário com o peito do pé.
Meia-lua de compasso	O jogador apoia-se sobre as duas mãos, faz o giro do corpo e procura acertar o adversário com o calcanhar.
Meia-lua solta	Similar à meia-lua de compasso, mas, agora, o capoeirista apoia-se sobre uma mão.
Bênção	A pessoa apoia-se sobre uma perna e projeta a outra perna para a frente, procurando acertar toda a planta do pé no adversário.
Rabo de arraia	O jogador apoia-se sobre uma perna e faz um giro com o corpo inclinado, procurando acertar o calcanhar no adversário.
Queixada	De frente para o adversário, o capoeirista procura fazer um movimento circular com a perna, de dentro para fora.
Armada	Em pé, a pessoa faz um movimento de rotação do corpo, girando a perna com o intuito de acertar o adversário com a parte lateral do pé.
Cocorinha	O jogador agacha-se, apoia-se sobre uma mão e, com a outra, protege a cabeça.
Ahú	O capoeirista apoia-se sobre as duas mãos e lança as pernas para cima, apoiando-se novamente no chão. É como o movimento da "estrela" da ginástica artística.

Atualmente, a capoeira, como outras artes marciais – caratê, judô, *tae kwon do*, jiu-jítsu etc. – é reconhecida como esporte e conta com certa regulação em sua prática. As modalidades esportivas são organizadas por uma federação – entidade de administração do esporte –, que procura unificar a forma dos golpes e cria regulamentos que permitem a realização de campeonatos.

Na atualidade, as artes marciais estão muito vinculadas com a ideia de disputa em competições oficiais. Porém, suas origens e a forma como os povos atribuíam significados a essas atividades tinham outro propósito. Um exemplo interessante são as lutas indígenas no Brasil. Entre elas, podemos destacar o *huka-huka*, uma luta praticada pelos índios do Xingu e os índios Bakairi, no Estado do Mato Grosso. Essa modalidade apresenta características ritualísticas ligadas aos valores e às representações desses povos. Nesse aspecto, o sentido atribuído a ela é distinto em relação à interpretação que um atleta dá a uma competição oficial.

Você sabia que, em 1996, com a realização dos Jogos Indígenas no Brasil, o *huka-huka* começou a fazer parte das competições como uma modalidade esportiva?

Na proposta dos PCN (Brasil, 1997), as lutas fazem parte do conteúdo curricular de Educação Física. Esse conteúdo, conhecido também como *esportes de combate*, possibilita diversas abordagens na escola. As lutas podem ser adotadas pelas pessoas para a melhoria de parâmetros biológicos, como condicionamento cardiorrespiratório. Há outros aspectos favoráveis, como a melhoria do condicionamento físico, da agilidade, do equilíbrio, da força etc.

Apesar de ser difícil, em um primeiro momento, descaracterizar a disputa entre dois ou mais adversários, o que exerce significativa influência na interpretação desse conteúdo, as lutas são uma oportunidade de conhecimento pessoal e de exercício físico e um meio de gerar discussões sobre diversos aspectos que envolvem a vida em sociedade.

No contexto das práticas corporais como exercício de cidadania, as lutas também possibilitam questionamentos sobre gênero, quando, por exemplo, refletimos sobre a participação das mulheres em aulas de artes marciais. Além disso, estimulam o pensamento sobre os valores sociais ao trazer para discussão a influência da mídia na propagação de torneios, como o UFC – *Ultimate Fight Championship*. Nesse caso, um número considerável de jovens buscam tais práticas a fim de participar dessas competições, almejando conquistar a profissionalização e, consequentemente, um retorno financeiro.

As atividades corporais em que um participante procura subjugar o outro fazem parte da cultura popular. Há muito das lutas em brincadeiras como Cabo de Guerra, Briga de Galo, Pega o Rabo, que chamamos de *jogos de oposição*.

Acreditamos que a prática contínua de alguma arte marcial, da infância até a terceira idade, pode trazer benefícios relevantes para as pessoas. Levar esse conteúdo para a escola pode gerar reflexões e influenciar a adoção de alguma atividade marcial como estilo de vida ou como estratégia para o bem-estar.

Em meio a esses benefícios, estão o fortalecimento muscular, a queima de calorias, a melhora da autoestima, a concentração, entre outros.

3.3 Jogos

Brincar faz parte da natureza do ser humano. Apesar da pressão que sofremos durante toda a vida com o intuito de nos tornamos adequados às normas de convivência social, mantemos a capacidade de brincar.

Não há um consenso entre os pesquisadores sobre o significado do conceito de *jogo*. Um aspecto que torna esse termo polissêmico tem a ver com a forma como foi empregado em diferentes idiomas. Por exemplo: o termo jogar, em inglês, *play*, pode adquirir diferentes sentidos.

Apesar de o jogo ser parte do conteúdo curricular de Educação Física, ele também é utilizado por professores de outras áreas. O termo *jogo*, no planejamento dos professores, é justificado pelo discurso comumente usado sob dois princípios. O primeiro apoia-se na ideia de tornar as aulas mais agradáveis, para que os alunos assimilem os conteúdos aplicados adequadamente; o outro visa propiciar a eles momentos de descontração para aliviar a tensão da rotina escolar.

Mesmo considerando pertinentes as aplicações dos professores ao utilizar os jogos como estratégia didática, alertamos que, apesar de os jogos estarem intimamente relacionados com a ludicidade, sua realização não garante que ela se processe. Mesmo porque isso depende, em grande parte, do sentimento ou da percepção da pessoa que participa do jogo. Assim, um jogo pode ser tão enfadonho quanto decorar uma tabuada ou, o contrário, decorar uma tabuada pode ser tão divertido quanto participar de um jogo (Silva, 2009a).

Acreditamos que, quando pensamos no resultado esperado com a realização de um jogo, ou seja, a manifestação de um sentimento de prazer, de diversão, é necessário desenvolver um olhar mais ampliado sobre esse jogo. O conceito criado por Huizinga (1992, p. 33) nos ajuda a enxergar esse objeto para além do discurso pedagogista dos educadores:

> *O jogo é uma atividade ou ocupação voluntária, exercida dentro de certos e determinados limites de tempo e de espaço, segundo regras livremente consentidas, mas absolutamente obrigatórias, dotado de um fim em si mesmo, acompanhado de um sentimento de tensão e de alegria e de uma consciência de ser diferente da "vida cotidiana".*

A partir da proposta desse autor, entendemos que os jogos podem se constituir como a própria essência do que é lúdico e, nesse universo, podemos incluir o termo *brincadeira*. Huizinga (1992) aponta três aspectos essenciais para que essa dinâmica se consolide: ocupação voluntária, fim em si mesmo e sentimento de tensão e alegria.

Porém, quando estamos em um ambiente escolar, alguns dos elementos sugeridos por Huizinga (1992) não se consolidam, como a ocupação voluntária. Afinal, para atribuir esse sentido, é necessário considerar outras variáveis, como o interesse de os alunos estarem na escola naquele momento. Quando falamos em um fim em si mesmo, encontramos outra distorção na aplicação dos jogos como estratégia didática. Trata-se da oferta constante de premiações, mesmo que simbólicas, aos vencedores. Assim, muitas vezes, inconscientemente, o professor reforça uma lógica de resultado, na qual os alunos direcionam sua atenção para o produto de sua participação e não para o processo, ou seja, a experiência.

Outra ideia que julgamos distorcida é atribuir aos jogos a terminologia *educativa*. Essa associação demonstra um reducionismo na interpretação desse objeto, dando a entender que há jogos que não são educativos. O fator educativo – no sentido amplo – está mais próximo da forma como o jogo é aplicado na ação em si.

Outro cuidado necessário diz respeito ao uso do termo *tradicionais* para adjetivar alguns jogos que determinados grupos sociais realizavam na infância. Esse termo não oferece condições temporais de análise, por exemplo, de qual infância estamos tratando.

Existem tipologias interessantes que podem ser adotadas para organizar didaticamente as formas de jogos. Veja, no Quadro 3.4, algumas sugestões.

Quadro 3.4 – Tipos de jogos e suas características

Tipo de jogo	Característica
Jogo cooperativo	A diferença entre esse tipo de jogo e os demais está na intenção do professor. Ele é desenvolvido sob a lógica de problemáticas que procuram levar os participantes a descobrir soluções para um bem comum.
Jogo de perseguição	Leva os participantes a perseguir o outro, seja para capturar, seja para substituir os papéis, como pegador e fugitivo.
Jogo de oposição	Utilizado para desenvolver o conteúdo sobre lutas, esse jogo tem como característica subjugar o adversário, seja pela força ou agilidade, seja pela estratégia.
Jogo ou brinquedo cantado	A musicalidade e o ritmo são componentes essenciais desse jogo.
Jogo de dramatização	Tem a ver com a interpretação e a simulação de personagens.

Com a propagação da ideia dos jogos cooperativos, críticas passaram a ser tecidas aos jogos que, de alguma forma, estavam associados à competitividade. Havia, inclusive, um movimento de negação dos jogos considerados competitivos para uma valorização dos jogos cooperativos.

Apesar de a proposta filosófica dos educadores que disseminam a ideia dos jogos cooperativos ser interessante, podendo levar as pessoas a reflexões sobre a possibilidade de uma convivência mais colaborativa do que competitiva, há uma distorção quando eles julgam, de forma negativa, a estrutura de determinados jogos.

O jogo em si não tem a capacidade de inculcar nas pessoas determinados comportamentos. Embora esses jogos sejam considerados de caráter competitivo, a cooperação também é vivenciada, se considerarmos a cooperação intragrupal.

Outro fator que pode interferir na construção dos valores das crianças está associado com a postura que o professor assume diante de seu papel responsável pela formação do cidadão.

3.4 Ginástica

É razoável afirmarmos que a ginástica foi introduzida no Brasil de forma sistemática, com base na organização dos imigrantes alemães, que, para praticar a atividade em sua terra natal, fundaram os clubes de ginástica. A princípio, a ginástica tinha um caráter acrobático: os praticantes treinavam e realizavam apresentações demonstrando habilidade e força.

Muitos clubes trouxeram para o Brasil mestres alemães para desenvolver a referida prática. Com o tempo, as atividades ginásticas foram introduzidas nas escolas e, hoje, estão inseridas em diferentes contextos e formatos e atendem a diferentes públicos.

Os alongamentos e outros exercícios usados para fortalecer o corpo são atividades ginásticas sem caráter competitivo. Por outro lado, há as atividades de caráter esportivo, como a ginástica artística, regradas conforme a orientação de uma federação. É por meio delas que os praticantes geralmente participam de competições oficiais. Leia, a seguir, a descrição de algumas modalidades de ginástica desportiva:

- Ginástica artística: Também conhecida como *ginástica olímpica*, é caracterizada por movimentos acrobáticos, força e equilíbrio. Essa modalidade contempla diferentes provas, como a prova de solo e as com aparelhos, como cavalo com alça, argolas, barras paralelas, barra fixa, barras assimétricas e trave.
- Ginástica acrobática: É uma modalidade recente, implantada pela Confederação Brasileira de Ginástica (CBO), com o objetivo de realizar acrobacias com demonstração de força, equilíbrio e flexibilidade. Geralmente, é realizada em duplas ou equipes.
- Ginástica rítmica: Era conhecida também como *ginástica rítmica desportiva* (GRD). Envolve movimentos acrobáticos realizados sob o ritmo de uma música. São usados diferentes aparelhos: bola, fita, maças, corda e arco. Também há a categoria por equipes.
- Ginástica de trampolim: É uma modalidade em que os atletas se utilizam de trampolim – cama elástica – para realizar uma série acrobática. As provas também podem ser realizadas em equipe.

Com relação às atividades ginásticas não competitivas, podemos pensar em um conjunto diversificado de exercícios corporais sistematizados, levando em conta as várias inovações que surgem a cada época, incentivadas pela moda ou em virtude da descoberta de novas formas de praticar exercícios. Veja, a seguir, algumas dessas atividades:

- Alongamentos: Sessões com o objetivo de distender os músculos do corpo. Apesar de esses exercícios de alongamento serem indicados como aquecimento antes de uma atividade física, ou após, como relaxamento, existem sessões de alongamento que buscam trabalhar todo o corpo. A recomendação é de que, para cada grupo muscular trabalhado, a pessoa permaneça, pelo menos, 15 segundos alongada. Essa forma de atividade ginástica também é muito recomendada para idosos, pois ajuda na manutenção da autonomia, tendo em vista que amplia a possibilidade de a pessoa realizar movimentos cotidianos, como caminhar, agachar e alcançar objetos distantes do alcance das mãos.

- Contorcionismo: Sessão de exercícios que buscam ultrapassar os limites normais do movimento, desenvolvendo a flexibilidade.
- Ginástica laboral: Exercícios físicos realizados no ambiente corporativo. Seu objetivo é minimizar os impactos provocados pelo esforço repetitivo no ambiente de trabalho. Geralmente, uma sessão de ginástica laboral é composta de exercícios de alongamento, força, equilíbrio e outros; dura em torno de 15 minutos, considerando que é realizada antes, durante ou depois da jornada de trabalho.
- Ginástica aeróbica: Teve grande divulgação no Brasil a partir da década de 1980 e ganhou diversas variações. Suas sessões são realizadas seguindo o ritmo de uma música e seus movimentos são coreografados. Entre esses ritmos, o axé e o tecno têm sido muito difundidos nas aulas.
- Ginástica localizada: Apesar de haver música, ela não segue uma coreografia específica. Os exercícios são concentrados em determinados grupos musculares, conforme o objetivo da sessão.
- Hidroginástica: Modalidade de exercícios ginásticos realizados dentro da piscina, os quais podem ser coreografados ou não.

3.5 Dança

Registros arqueológicos demonstram que a dança fez parte da vida de povos primitivos, que utilizavam essa forma de expressão para representar diferentes ocasiões da vida cotidiana, assumindo sentidos e significados específicos.

Ainda hoje, é a representação simbólica de várias manifestações da vida social, como os rituais religiosos. Com base nos acontecimentos festivos de determinadas comunidades, a dança surge como uma forma de preservar as tradições desses povos.

Levar a dança para a escola permite aos alunos experimentar novas linguagens do movimento. A movimentação corporal está associada com a comunicação desse corpo, que se expressa, proporcionando aos educandos sensações únicas.

Existem vários estilos de dança, que podem orientar o grupo social, seu estilo de vida e a representação que têm do universo. Das danças mais clássicas até as mais populares, cada grupo social identifica-se com determinados estilos. Assim, temos o balé clássico, com características mais conservadoras; o balé contemporâneo, com uma linguagem mais próxima à da sociedade moderna; o samba e suas variações; o *funk*; o *hip-hop*; a dança de salão, com diferentes modalidades, como valsa, xote, vaneirão, tango e forró.

A dança tem se popularizado com a ajuda de alguns programas de televisão, que apostam em quadros envolvendo competições de dança.

Essa diversidade de estilos e ritmos no Brasil pode ser atribuída à influência dos diversos povos que colonizaram nosso país, como alemães, italianos, ingleses, espanhóis e africanos. Alguns desses estilos foram assimilados e modificados, conforme a leitura que os povos fizeram deles. Um exemplo interessante são as danças festivas juninas que apresentam as quadrilhas. Apesar de suas características serem próprias de um momento histórico no qual a sociedade era predominantemente rural, a sua origem deve-se ao estilo da "quadrilhe", muito dançada na corte brasileira. Esse estilo, de origem europeia, característico do século XVIII, acabou sendo assimilado pelas camadas populares e ganhando contornos muito próprios.

Apesar da popularização da dança em diferentes segmentos sociais, ainda há certo preconceito quanto à participação dos meninos, que, muitas vezes, ficam inibidos. Por ser considerada uma atividade de características eminentemente femininas, em geral eles apresentam resistência. Entre os fatores inibidores, podemos considerar a inevitável exposição de quem pratica dança.

Síntese

Os profissionais de Educação Física têm conquistado, a partir da produção de novos conhecimentos, significativas conquistas para a Educação Física escolar.

Acreditamos que considerar sua relevância para além dos aspectos biológicos foi um avanço. Assim, com base nos diferentes conteúdos, como a dança, o esporte, as lutas, os jogos e a ginástica, é possível fazer os cidadãos compreenderem sua própria realidade e contribuir para sua qualidade de vida, levando em conta as dimensões sociais, físicas e emocionais.

Para saber mais

VEM DANÇAR. Direção: Liz Friedlander. Estados Unidos: PlayArte Home Video, 2006. 118 min.

Esse filme retrata um professor que se depara com uma turma de alunos com comportamento disciplinar inadequado segundo os padrões da escola. Ele encontra estratégias para desenvolver as aulas de dança com esses alunos, contribuindo para que o grupo construa uma nova visão sobre a própria vida.

Atividades de autoavaliação

1) Os PCN (Brasil, 1997) adotaram alguns conteúdos para a aplicação nas aulas de Educação Física, com o intuito de servir de orientação para o planejamento dos professores. Assinale a alternativa que apresenta esses conteúdos:
   a) Lutas, jogos de azar, dança, capoeira e esporte.
   b) Esporte, dança, lutas, ginástica e jogos.
   c) Atividades circenses, corridas, brincadeiras e gincanas.
   d) Jogos de azar, lutas, dança, gincanas e atividades circenses.
   e) Esporte, voleibol, tênis de mesa e xadrez.

2) Apesar de a Educação Física apresentar discussões sobre a realidade social, o desenvolvimento dos seus conteúdos em aula é diferente do das demais disciplinas. Analise as sentenças a seguir e assinale a alternativa correta:
   a) Um destaque é que suas aulas são essencialmente práticas.
   b) As aulas são mais divertidas.
   c) Os alunos se divertem mais nas aulas de Educação Física, facilitando a assimilação do conteúdo.
   d) As aulas são mais relaxantes.
   e) Os conteúdos abordados nas aulas de Educação Física são menos complexos em relação às demais disciplinas.

3) Considerando as três dimensões sugeridas pela Lei n. 9.615/1998 para caracterizar os esportes, relacione a coluna da esquerda com a da direita, conforme as características correspondentes:

Dimensão	Característica
(1) Rendimento	( ) Foco no resultado; seletividade
(2) Educação	( ) Prazer; liberdade
(3) Participação	( ) Pedagógica

4) Apesar de não haver consenso entre os estudiosos sobre o que é o jogo, é possível apresentar algumas de suas características para contribuir com o planejamento dessas atividades. Relacione a coluna da esquerda com a da direita, identificando as características que correspondem a cada tipo de jogo.

Tipo de Jogo	Característica
(1) Jogo cooperativo	( ) A musicalidade e o ritmo são componentes essenciais desse jogo.
(2) Jogo de perseguição	( ) Leva os participantes a perseguir o outro, seja para capturar, seja para substituir os papéis, como pegador e fugitivo.
(3) Jogo de oposição	( ) Refere-se à interpretação e à simulação de personagens.
(4) Jogo ou brinquedo cantado	( ) Desenvolvido sob a lógica de problemáticas que procuram levar os participantes a descobrir soluções para um bem comum.
(5) Jogo de dramatização	( ) Utilizado para desenvolver o conteúdo sobre lutas, esse jogo tem como característica subjugar o adversário, seja pela força ou agilidade, seja pela estratégia.

5) É comum vermos que os jogos são atribuídos à ludicidade quando um professor opta por esse tipo de atividade alegando que deseja provocar nos alunos uma melhor assimilação do conteúdo. Entretanto, há algumas distorções quanto ao entendimento desse objeto. Analise as sentenças a seguir e assinale a alternativa correta:
a) Todo jogo é divertido, porque a essência do jogo é ser lúdico.
b) A aplicação dos jogos nas aulas, independentemente da disciplina, garante uma melhor assimilação dos conteúdos por parte dos alunos.
c) A ludicidade está associada à percepção do indivíduo que participa da atividade, e não é a atividade que garante que isso aconteça.
d) Com a realização dos jogos, não há necessidade de pensar em objetivos para as aulas, tendo em vista que sua função é divertir.
e) Os jogos deveriam ser realizados somente nas aulas de Educação Física, devido à predominância da movimentação corporal nos alunos.

6) Existem diferentes tendências pedagógicas na escola. Relacione a coluna da esquerda com a da direita, identificando as características correspondentes a cada uma das abordagens:

Abordagem	Característica
(1) Construtivista:	( ) Sua discussão sugere que a Educação Física leve as crianças a refletir sobre sua realidade social, superando-a com base em sua capacidade de análise.
(2) Crítico-superadora	( ) Com um olhar na cultura infantil, essa abordagem tem o jogo e o brinquedo como elementos centrais do aprendizado dos alunos. Deve haver uma inter-relação entre as brincadeiras realizadas pelas crianças fora e dentro da escola.
(3) Psicomotora	( ) Leva em conta a relação dos aspectos motores com os aspectos cognitivos e psicológicos.

7) Entre os conteúdos curriculares de Educação Física, encontramos as lutas. Esse conteúdo é carregado de interpretações. Analise as sentenças a seguir e assinale (V) para as verdadeiras e (F) para as falsas:
   ( ) Comumente associamos a prática de artes marciais com autodefesa, violência, agressão e, na atualidade, com as disputas de vale-tudo.
   ( ) É comum associarmos essas atividades ao gênero masculino.
   ( ) O conteúdo nas aulas de Educação Física é desenvolvido com base nos jogos de oposição.
   ( ) No Brasil, há muitas escolas de artes marciais, com diferentes origens, as quais carregam um conteúdo de caráter histórico, étnico e social.
   ( ) A abordagem do conteúdo sobre lutas na escola tem como princípio fundamental ensinar aos alunos uma arte marcial.

8) Existem diferentes modalidades de ginástica. Associe a coluna da esquerda à da direita, conforme as características de cada uma dessas modalidades:

Modalidade	Característica
(1) Ginástica artística	( ) É uma modalidade recente, implantada pela Confederação Brasileira de Ginástica, com o objetivo de realizar acrobacias com demonstração de força, equilíbrio e flexibilidade.
(2) Ginástica acrobática	( ) Era conhecida também como *ginástica rítmica desportiva* (GRD).
(3) Ginástica rítmica	( ) Também conhecida como *ginástica olímpica*, é caracterizada por movimentos acrobáticos, força e equilíbrio.

9) A dança faz parte dos conteúdos curriculares de Educação Física. Entretanto, há vários problemas quanto à sua inserção na escola de forma efetiva. Analise as sentenças a seguir e assinale (V) para as verdadeiras e (F) para as falsas com relação aos problemas existentes:

( ) Os professores que não têm familiaridade com o conteúdo acabam por priorizar a aplicação de outros conteúdos, reduzindo, assim, o tempo de contato dos alunos com a dança.

( ) Apesar da popularização da dança em diferentes segmentos sociais, ainda há certo preconceito quanto à participação dos meninos, que, muitas vezes ficam inibidos.

( ) Por ser considerada uma atividade de características eminentemente femininas, os meninos, em geral, apresentam resistência a ela.

( ) Entre os fatores inibidores, podemos considerar a inevitável exposição de quem pratica dança.

( ) As aulas de dança necessitam de espaço específico, como sala com espelhos, barra de apoio, piso emborrachado, entre outros elementos.

10) As atividades ginásticas de caráter não competitivo fazem parte de um conjunto diversificado de exercícios corporais sistematizados. Analise as afirmações a seguir e assinale (V) para as questões verdadeiras e (F) para as falsas:

( ) As sessões de alongamento têm o objetivo de distender os músculos do corpo.

( ) Apesar de os exercícios de alongamento serem indicados como aquecimento antes de uma atividade física ou após, como relaxamento, existem sessões de alongamento que buscam trabalhar todo o corpo.

( ) A ginástica laboral é realizada no ambiente corporativo.

( ) Geralmente, uma sessão de ginástica laboral é composta de exercícios de alongamento, força, equilíbrio e outros.

( ) Os exercícios ginásticos são indicados somente a atletas, que contam com sua eficácia para uma preparação física adequada.

Referências

BETTI, M. **Educação Física e sociedade**. São Paulo: Movimento, 1991.

BRASIL. Lei n. 9.615, de 24 de março de 1998. **Diário Oficial da União**, Poder Legislativo, Brasília, DF, 25 mar. 1998. Disponível em: <http://www.planalto.gov.br/ccivil_03/LEIS/L9615consol.htm>. Acesso em: 22 abr. 2016.

___. Ministério da Educação. Secretaria de Educação Fundamental. **Parâmetros Curriculares Nacionais**: Introdução aos Parâmetros Curriculares Nacionais. Brasília: MEC/SEF, 1997. Disponível em: <http://portal.mec.gov.br/seb/arquivos/pdf/livro01.pdf>. Acesso em: 22 abr. 2016.

BRITO-GOMES, J. L. de et al. Exergames podem ser uma ferramenta para acréscimo de atividade física e melhora do condicionamento físico? **Revista Brasileira de Atividade Física & Saúde**, Pelotas, v. 20, n. 3, p. 232-242, maio 2015. Disponível em: <https://periodicos.ufpel.edu.br/ojs2/index.php/RBAFS/article/viewFile/4457/4460>. Acesso em: 17 out. 2016.

CAMARGO, L. O. de L. **O que é lazer?** São Paulo: Brasiliense, 1989.

COLETIVO DE AUTORES. **Metodologia do ensino de Educação Física**. São Paulo: Cortez, 1992.

DAOLIO, J. **Da cultura do corpo**. Campinas: Papirus, 1994.

DE MASI, D. **O ócio criativo**. São Paulo: Sextante, 2000.

DEVIDE, F. P. Atividade física na empresa: para onde vamos e o que queremos? **Revista Motriz**, São Paulo, v. 4, n. 2, p. 109-115, 1998.

DUMAZEDIER, J. **Valores e conteúdos culturais do lazer**. São Paulo: Sesc, 1980.

GONZALEZ, F. J. Sistema de classificação de esportes com base nos critérios: cooperação, interação com o adversário, ambiente, desempenho comparado e objetivos táticos da ação. **Revista Digital**, Buenos Aires, ano 10, n. 71, abr. 2004. Disponível em: <http://www.efdeportes.com/efd71/esportes.htm>. Acesso em: 18 out. 2016.

GUEDES, D. P.; GUEDES, J. E. R. P. Atividade física, aptidão física e saúde. **Revista Brasileira de Atividade Física & Saúde**, Pelotas, v. 1, n. 1, p. 18-35, 1995.

HUIZINGA, J. **Homo ludens**: o jogo como elemento da cultura. São Paulo: Perspectiva, 1992.

ÍNDICE DE MASSA CORPORAL. **Calcular IMC (padrão)**. Disponível em: <http://indicedemassacorporal.com/imc.html>. Acesso em: 17 out. 2016.

KUNZ, E. **Transformação didático-pedagógica do esporte**. Ijuí: Unijuí, 1994.

MALTA, D. C. et al. Tendências dos indicadores de atividade física em adultos: conjunto de capitais do Brasil 2006-2013. **Revista Brasileira de Atividade Física & Saúde**, Pelotas, v. 20, n. 2, p. 141-151, mar. 2015.

MARCELLINO, N. C. **Lazer e educação**. 4. ed. Campinas: Papirus, 1998.

MOREIRA, W. W. **Educação Física**: uma abordagem fenomenológica. Campinas: Editora da Unicamp, 1987.

MORROW JR., J. R. et al. **Medida e avaliação do desempenho humano**. 4. ed. Porto Alegre: Artmed, 2014.

OLIVEIRA, V. M. **Educação Física humanista**. Rio de Janeiro: Ao Livro Técnico, 1986.

SESI – Serviço Social da Indústria. Vida saudável para você. **Exercícios**. Disponível em: <http://vidasaudavel.sesi.org.br/portal/main.jsp?lumPageId=FF8080812A602D81012A637EA5581ECC&lumI=gestaodoconhecimento.service.noticia.details&lumItemId=FF8080812B3242D3012B3613589E3D85>. Acesso em: 18 out. 2016.

SILVA, M. R. **Lazer nos clubes sociorrecreativos**. São Paulo: Factach, 2009.

Respostas

Capítulo 1

1. a
2. F, V, V, V, V.
3. e
4. b
5. F, V, F, V, V.
6. F, V, V, F, V.
7. d
8. a
9. a
10. b

Capítulo 2

1. c
2. b
3. F, F, V, F, F.
4. b
5. 2, 6, 5, 4, 3, 1.
6. V, V, V, V, F.
7. V, F, V, F, F.

8. b

9. c

10. b

Capítulo 3

1. b

2. a

3. 1, 3, 2.

4. 4, 2, 5, 1, 3.

5. c

6. 2, 1, 3.

7. V, V, V, V, F.

8. 2, 3, 1.

9. V, V, V, V, F.

10. V, V, V, V, F.

Sobre o autor

Marcos Ruiz da Silva é graduado em Educação Física – licenciatura plena – pela Universidade Estadual de Londrina (UEL) e realizou aprofundamento em Administração Esportiva pela Universidade Federal do Paraná (UFPR). É especialista em Educação Física Escolar e em Administração em Recursos Humanos, e mestre em Educação Física – História e Sociologia do Esporte, todos pela UFPR. Atualmente, é doutorando em Educação Física pela Universidade Estadual de Maringá (UEM). É autor da obra *Lazer em clubes sociorrecreativos* e organizador do livro *Temas para administração de clubes sociorrecreativos*. Participou de congressos nacionais e internacionais e já produziu diversos artigos. Tem experiência em gestão de esporte e lazer. Atuou na educação infantil e nos anos iniciais do ensino fundamental, na rede pública de ensino, e é professor universitário.

Os papéis utilizados neste livro, certificados por instituições ambientais competentes, são recicláveis, provenientes de fontes renováveis e, portanto, um meio responsável e natural de informação e conhecimento.

FSC
www.fsc.org
MISTO
Papel produzido
a partir de
fontes responsáveis
FSC® C074432

Impressão: Maxigráfica
Fevereiro / 2017